착! 붙는
중국어
독학 첫걸음

간체자 쓰기

HSK 1급 필수 어휘

시사중국어사

001

爱
ài
동 사랑하다

爱 | 爱 爱 爱 爱 爱 爱 爱 爱 爱 爱

爱	사랑하다			
ài				

002

八
bā
수 여덟, 8

八 | 八 八

八	여덟, 8			
bā				

003

爸爸
bàba
명 아빠, 아버지

爸 | 爸 爸 爸 爸 爸 爸 爸 爸
爸 | 爸 爸 爸 爸 爸 爸 爸 爸

爸爸	아빠, 아버지			
bàba				

004

杯子
bēizi
명 잔, 컵

杯 | 杯 杯 杯 杯 杯 杯 杯 杯
子 | 子 子 子

杯子	잔, 컵			
bēizi				

005

北京
Běijīng

고유 북경, 베이징

北 ㅣ 北 北 北 北 北
京 ㅣ 京 京 京 京 京 京 京

北京	북경, 베이징				
Běijīng					

006

本
běn

양 권 (책을 세는 단위)

本 ㅣ 本 本 本 本 本

本	권				
běn					

007

不
bù

부 아니다 (부정부사)

不 ㅣ 不 不 不 不

不	아니다				
bù					

008

不客气
búkèqi

천만에요, 사양하지 마세요

不 ㅣ 不 不 不 不
客 ㅣ 客 客 客 客 客 客 客 客
气 ㅣ 气 气 气 气

不客气	천만에요, 사양하지 마세요				
búkèqi					

3

009

菜
cài
명 요리

菜 | 菜 菜 菜 菜 菜 菜 菜 茉 茉 菜 菜

菜	요리				
cài					

010

茶
chá
명 차

茶 | 茶 茶 茶 茶 茶 茶 茶 茶 茶

茶	차				
chá					

011

吃
chī
동 먹다

吃 | 吃 吃 吃 吃 吃 吃

吃	먹다				
chī					

012

出租车
chūzūchē
명 택시

出 | 出 出 出 出 出
租 | 租 租 租 租 租 租 租 租
车 | 车 车 车 车

出租车	택시				
chūzūchē					

013

打电话
dǎ diànhuà
전화를 걸다

打 | 打 打 打 打 打
电 | 电 电 电 电 电
话 | 话 话 话 话 话 话 话

打电话	전화를 걸다			
dǎ diànhuà				

014

大
dà
형 크다

大 | 大 大 大

大	크다			
dà				

015

的
de
조 ~의 (관형어 구조조사)

的 | 的 的 的 的 的 的 的 的

的	~의			
de				

016

点
diǎn
양 약간, 시 (시간) 동 주문하다

点 | 点 点 点 点 点 点 点 点

点	약간, 시 / 주문하다			
diǎn				

017

电脑
diànnǎo
명 컴퓨터

电 | 电 电 电 电 电
脑 | 脑 脑 脑 脑 脑 脑 脑 脑 脑

电脑	컴퓨터				
	diànnǎo				

018

电视
diànshì
명 텔레비전

电 | 电 电 电 电 电
视 | 视 视 视 视 视 视 视 视

电视	텔레비전				
	diànshì				

019

电影
diànyǐng
명 영화

电 | 电 电 电 电 电
影 | 影 影 影 影 影 影 影 影 影 影 影 影 影

电影	영화				
	diànyǐng				

020

东西
dōngxi
명 물건

东 | 东 东 东 东 东
西 | 西 西 西 西 西 西

东西	물건				
	dōngxi				

021

都
dōu
부 모두, 이미

都 | 都 都 都 都 都 都 都 都 都 都

都	모두, 이미				
	dōu				

022

读
dú
동 읽다

读 | 读 读 读 读 读 读 读 读 读 读

读	읽다				
	dú				

023

对不起
duìbuqǐ
미안합니다

对 | 对 对 对 对 对
不 | 不 不 不 不
起 | 起 起 起 起 起 起 起 起 起 起

对不起	미안합니다				
	duìbuqǐ				

024

多
duō
형 많다

多 | 多 多 多 多 多 多

多	많다				
	duō				

025

多少
duōshao
대 얼마, 몇

多丨多多多多多多
少丨少少少少

多少	얼마, 몇				
duōshao					

026

儿子
érzi
명 아들

儿丨儿儿
子丨子子子

儿子	아들				
érzi					

027

二
èr
수 둘, 2

二丨二二

二	둘, 2				
èr					

028

饭店
fàndiàn
명 호텔, 식당

饭丨饭饭饭饭饭饭饭
店丨店店店店店店店

饭店	호텔, 식당				
fàndiàn					

029

飞机
fēijī
명 비행기

飞 ┃ 飞 飞 飞 飞
机 ┃ 机 机 机 机 机 机

飞机	비행기			
	fēijī			

030

分钟
fēnzhōng
명 분

分 ┃ 分 分 分 分
钟 ┃ 钟 钟 钟 钟 钟 钟 钟 钟 钟

分钟	분			
	fēnzhōng			

031

高兴
gāoxìng
형 기쁘다, 즐겁다

高 ┃ 高 高 高 高 高 高 高 高 高
兴 ┃ 兴 兴 兴 兴 兴 兴

高兴	기쁘다, 즐겁다			
	gāoxìng			

032

个
gè
양 명, 개 (사람·사물 등을 세는 단위)

个 ┃ 个 个 个

个	명, 개			
	gè			

9

033

工作
gōngzuò
명 직업 동 일하다

工 | 工 工 工
作 | 作 作 作 作 作 作

工作	직업 / 일하다				
gōngzuò					

034

狗
gǒu
명 개 (동물)

狗 | 狗 狗 狗 狗 狗 狗 狗 狗

狗	개				
gǒu					

035

汉语
Hànyǔ
명 중국어

汉 | 汉 汉 汉 汉 汉
语 | 语 语 语 语 语 语 语

汉语	중국어				
Hànyǔ					

036

好
hǎo
형 좋다

好 | 好 好 好 好 好 好

好	좋다				
hǎo					

037

号
hào
명 번호, 일 (날짜)

号 | 号 号 号 号 号

号	번호, 일				
	hào				

038

喝
hē
동 마시다

喝 | 喝 喝 喝 喝 喝 喝 喝 喝 喝 喝 喝

喝	마시다				
	hē				

039

和
hé
접 ~와(과)

和 | 和 和 和 和 和 和 和 和

和	~와(과)				
	hé				

040

很
hěn
부 매우, 대단히

很 | 很 很 很 很 很 很 很 很

很	매우, 대단히				
	hěn				

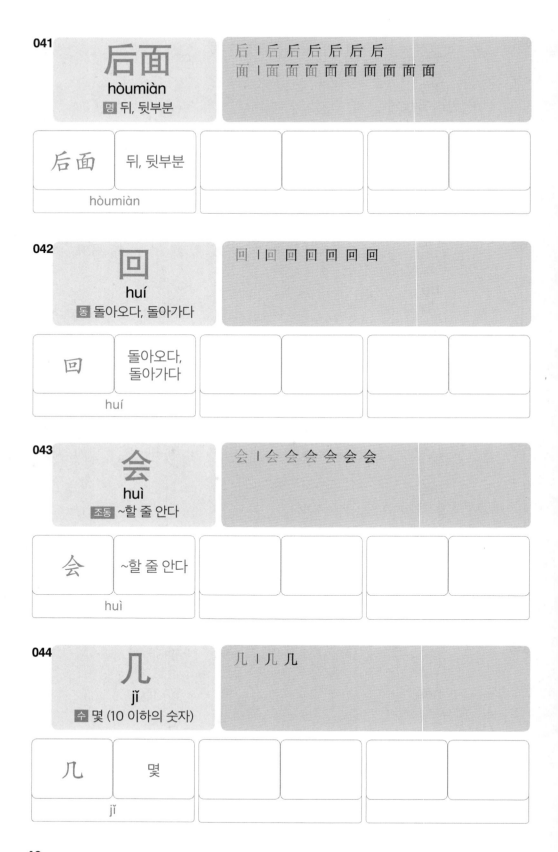

041

后面
hòumiàn
명 뒤, 뒷부분

后 ㅣ 后 后 后 后 后 后
面 ㅣ 面 面 面 面 面 面 面 面

后面	뒤, 뒷부분				
	hòumiàn				

042

回
huí
동 돌아오다, 돌아가다

回 ㅣ 回 回 回 回 回 回

回	돌아오다, 돌아가다				
	huí				

043

会
huì
조동 ~할 줄 안다

会 ㅣ 会 会 会 会 会 会

会	~할 줄 안다				
	huì				

044

几
jǐ
수 몇 (10 이하의 숫자)

几 ㅣ 几 几

几	몇				
	jǐ				

045

家
jiā
명 집

家 ｜ 家 家 家 家 家 家 家 家 家 家

家	집				
jiā					

046

叫
jiào
동 외치다, ~(이)라고 부르다

叫 ｜ 叫 叫 叫 叫 叫

叫	외치다, ~(이)라고 부르다				
jiào					

047

今天
jīntiān
명 오늘

今 ｜ 今 今 今 今
天 ｜ 天 天 天 天

今天	오늘				
jīntiān					

048

九
jiǔ
수 아홉, 9

九 ｜ 九 九

九	아홉, 9				
jiǔ					

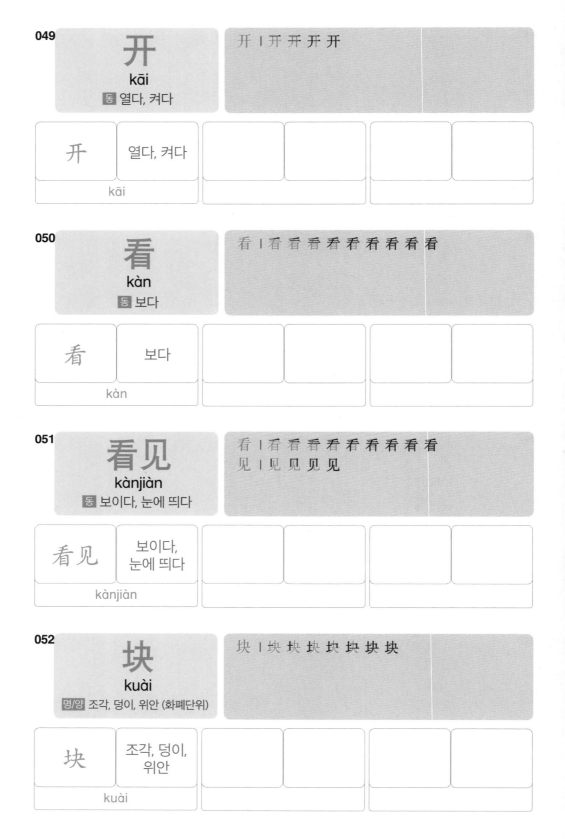

049

开
kāi
동 열다, 켜다

开 | 开 开 开 开

开	열다, 켜다			
	kāi			

050

看
kàn
동 보다

看 | 看 看 看 看 看 看 看 看

看	보다			
	kàn			

051

看见
kànjiàn
동 보이다, 눈에 띄다

看 | 看 看 看 看 看 看 看 看
见 | 见 见 见 见

看见	보이다, 눈에 띄다			
	kànjiàn			

052

块
kuài
명/양 조각, 덩이, 위안 (화폐단위)

块 | 块 块 块 块 块 块 块

块	조각, 덩이, 위안			
	kuài			

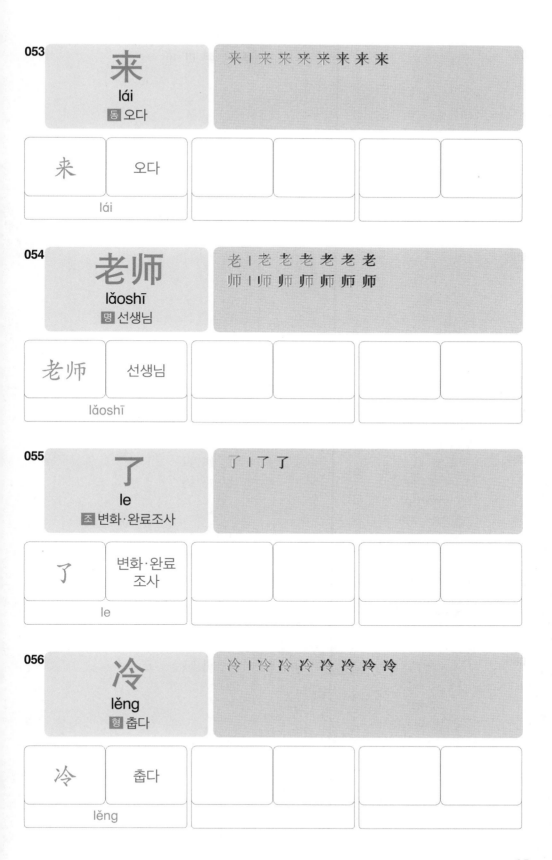

053 来 lái 동 오다

来 ㅣ 来 来 来 来 来 来 来

来	오다				
lái					

054 老师 lǎoshī 명 선생님

老 ㅣ 老 老 老 老 老 老
师 ㅣ 师 师 师 师 师 师

老师	선생님				
lǎoshī					

055 了 le 조 변화·완료조사

了 ㅣ 了 了

了	변화·완료조사				
le					

056 冷 lěng 형 춥다

冷 ㅣ 冷 冷 冷 冷 冷 冷 冷

冷	춥다				
lěng					

057

里
lǐ
명 ~안

里 I 里 里 里 里 里 里 里

里	~안				
lǐ					

058

六
liù
수 여섯, 6

六 I 六 六 六 六

六	여섯, 6				
liù					

059

妈妈
māma
명 엄마, 어머니

妈 I 妈 妈 妈 妈 妈 妈
妈 I 妈 妈 妈 妈 妈 妈

妈妈	엄마, 어머니				
māma					

060

吗
ma
조 의문 어기조사

吗 I 吗 吗 吗 吗 吗 吗

吗	의문 어기조사				
ma					

061

买
mǎi
동 사다

买 | 买 买 买 买 买 买

买	사다				
mǎi					

062

猫
māo
명 고양이

猫 | 猫 猫 猫 猫 猫 猫 猫 猫 猫 猫

猫	고양이				
māo					

063

没关系
méiguānxi
괜찮다, 문제없다

没 | 没 没 没 没 没 没 没
关 | 关 关 关 关 关 关
系 | 系 系 系 系 系 系

没关系	괜찮다, 문제없다				
méiguānxi					

064

没有
méiyǒu
동 없다, 가지고 있지 않다

没 | 没 没 没 没 没 没 没
有 | 有 有 有 有 有 有

没有	없다, 가지고 있지 않다				
méiyǒu					

065

米饭
mǐfàn
명 쌀밥

米 ㅣ 米 米 米 米 米 米
饭 ㅣ 饭 饭 饭 饭 饭 饭 饭

米饭	쌀밥				
mǐfàn					

066

明天
míngtiān
명 내일

明 ㅣ 明 明 明 明 明 明 明 明
天 ㅣ 天 天 天 天

明天	내일				
míngtiān					

067

名字
míngzi
명 이름

名 ㅣ 名 名 名 名 名 名
字 ㅣ 字 字 字 字 字 字

名字	이름				
míngzi					

068

哪
nǎ
의 어느

哪 ㅣ 哪 哪 哪 哪 哪 哪 哪 哪 哪

哪	어느				
nǎ					

069

哪儿
nǎr
의 어디, 어느 곳

哪 | 哪 哪 哪 哪 哪 哪 哪 哪 哪
儿 | 儿 儿

哪儿	어디, 어느 곳			
	nǎr			

070

那
nà
대 저, 저것

那 | 那 那 那 那 那 那

那	저, 저것			
	nà			

071

呢
ne
조 의문·지속 어기조사

呢 | 呢 呢 呢 呢 呢 呢 呢 呢

呢	의문·지속 어기조사			
	ne			

072

能
néng
조동 ~할 수 있다

能 | 能 能 能 能 能 能 能 能 能

能	~할 수 있다			
	néng			

073

你
nǐ
대 너, 당신

你 你 你 你 你 你 你 你

你 | 너, 당신
nǐ

074

年
nián
명 년, 해

年 | 年 年 年 年 年 年

年 | 년, 해
nián

075

女儿
nǚ'ér
명 딸

女 | 女 女 女
儿 | 儿 儿

女儿 | 딸
nǚ'ér

076

朋友
péngyou
명 친구

朋 | 朋 朋 朋 朋 朋 朋 朋
友 | 友 友 友 友

朋友 | 친구
péngyou

077

漂亮
piàoliang
형 예쁘다

漂｜漂漂漂漂漂漂漂漂漂漂漂漂漂
亮｜亮亮亮亮亮亮亮亮亮

漂亮	예쁘다				
piàoliang					

078

苹果
píngguǒ
명 사과 (과일)

苹｜苹苹苹苹苹苹苹苹
果｜果果果果果果果果

苹果	사과 (과일)				
píngguǒ					

079

七
qī
수 일곱, 7

七｜七七

七	일곱, 7				
qī					

080

钱
qián
명 돈

钱｜钱钱钱钱钱钱钱钱钱

钱	돈				
qián					

081

前面
qiánmiàn
명 앞, 앞부분

前 | 前 前 前 前 前 前 前 前
面 | 面 面 面 面 面 面 面 面

前面	앞, 앞부분				
	qiánmiàn				

082

请
qǐng
동 청하다

请 | 请 请 请 请 请 请 请 请 请

请	청하다				
	qǐng				

083

去
qù
동 가다, 떠나다

去 | 去 去 去 去 去

去	가다, 떠나다				
	qù				

084

热
rè
형 덥다, 뜨겁다

热 | 热 热 热 热 热 热 热 热

热	덥다, 뜨겁다				
	rè				

085

人
rén
명 사람

人 | 人 人

人	사람				
rén					

086

认识
rènshi
동 (사람, 글자를) 알다

认 | 认 认 认 认
识 | 识 识 识 识 识 识 识

认识	알다				
rènshi					

087

三
sān
수 셋, 3

三 | 三 三 三

三	셋, 3			
sān				

088

商店
shāngdiàn
명 상점

商 | 商 商 商 商 商 商 商 商 商
店 | 店 店 店 店 店 店 店

商店	상점			
shāngdiàn				

089

上
shàng
명 위

上 ㅣ 上 上 上

上	위				
shàng					

090

上午
shàngwǔ
명 오전

上 ㅣ 上 上 上
午 ㅣ 午 午 午 午

上午	오전				
shàngwǔ					

091

少
shǎo
형 적다

少 ㅣ 少 少 少 少

少	적다				
shǎo					

092

谁
shéi
의 누구

谁 ㅣ 谁 谁 谁 谁 谁 谁 谁 谁 谁 谁

谁	누구				
shéi					

093

什么
shénme
의 어떤, 무슨, 무엇

什 | 什 什 什 什
么 | 么 么 么

什么	어떤, 무슨, 무엇				
	shénme				

094

十
shí
수 열, 10

十 | 十 十

十	열, 10				
	shí				

095

时候
shíhou
명 때, 시각, 무렵

时 | 时 时 时 时 时 时 时
候 | 候 候 候 候 候 候 候 候 候

时候	때, 시각, 무렵				
	shíhou				

096

是
shì
동 ~이다

是 | 是 是 是 是 是 是 是 是 是

是	~이다				
	shì				

097

书
shū
명 책

书 | 书 书 书 书

书 | 책
shū

098

水
shuǐ
명 물

水 | 水 水 水 水

水 | 물
shuǐ

099

水果
shuǐguǒ
명 과일

水 | 水 水 水 水
果 | 果 果 果 果 果 果 果 果

水果 | 과일
shuǐguǒ

100

睡觉
shuìjiào
동 잠을 자다

睡 | 睡 睡 睡 睡 睡 睡 睡 睡 睡 睡 睡 睡
觉 | 觉 觉 觉 觉 觉 觉 觉 觉 觉

睡觉 | 잠을 자다
shuìjiào

101

说
shuō
동 말하다

说 | 说 说 说 说 说 说 说 说 说

说	말하다				
shuō					

102

四
sì
수 넷, 4

四 | 四 四 四 四 四

四	넷, 4				
sì					

103

岁
suì
양 살, 세 (나이를 세는 단위)

岁 | 岁 岁 岁 岁 岁 岁

岁	살, 세				
suì					

104

他
tā
대 그, 그 사람

他 | 他 他 他 他 他

他	그, 그 사람				
tā					

105

她
tā
대 그녀, 그 여자

她 | 她 她 她 她 她 她

| 她 | 그녀, 그 여자 | | | | |
| tā | | | | | |

106

太
tài
부 대단히, 매우

太 | 太 大 大 太

| 太 | 대단히, 매우 | | | | |
| tài | | | | | |

107

天气
tiānqì
명 날씨

天 | 天 天 天 天
气 | 气 气 气 气

| 天气 | 날씨 | | | | |
| tiānqì | | | | | |

108

听
tīng
동 듣다

听 | 听 听 听 听 听 听 听

| 听 | 듣다 | | | | |
| tīng | | | | | |

109

同学
tóngxué
명 학우, 학교 친구

同 | 同 同 同 同 同 同
学 | 学 学 学 学 学 学 学 学

同学	학우, 학교 친구				
tóngxué					

110

喂
wéi
감 여보세요

喂 | 喂 喂 喂 喂 喂 喂 喂 喂 喂 喂 喂

喂	여보세요				
wéi					

111

我
wǒ
대 나, 저

我 | 我 我 我 我 我 我

我	나, 저				
wǒ					

112

我们
wǒmen
대 우리(들)

我 | 我 我 我 我 我 我
们 | 们 们 们 们 们

我们	우리(들)				
wǒmen					

113

五
wǔ
수 다섯, 5

五 | 五 五 五 五

五	다섯, 5			
wǔ				

114

喜欢
xǐhuan
동 좋아하다

喜 | 喜 喜 喜 喜 喜 喜 喜 喜 喜 喜 喜
欢 | 欢 欢 欢 欢 欢 欢

喜欢	좋아하다			
xǐhuan				

115

下
xià
명 아래

下 | 下 下 下

下	아래			
xià				

116

下午
xiàwǔ
명 오후

下 | 下 下 下
午 | 午 午 午 午

下午	오후			
xiàwǔ				

117

下雨
xiàyǔ
동 비가 오다

下 ┃ 下 下 下
雨 ┃ 雨 雨 雨 雨 雨 雨 雨 雨

下雨	비가 오다				
xiàyǔ					

118

先生
xiānsheng
명 선생님, ~씨

先 ┃ 先 先 先 先 先 先
生 ┃ 生 生 生 生 生

先生	선생님, ~씨				
xiānsheng					

119

现在
xiànzài
명 현재, 지금, 이제

现 ┃ 现 现 现 现 现 现 现 现
在 ┃ 在 在 在 在 在

现在	현재, 지금, 이제				
xiànzài					

120

想
xiǎng
조동 ~하고 싶다 동 생각하다

想 ┃ 想 想 想 想 想 想 想 想 想 想

想	~하고 싶다 / 생각하다				
xiǎng					

121

小
xiǎo
형 작다

小 | 小 小 小

小	작다				
xiǎo					

122

小姐
xiǎojiě
명 아가씨

小 | 小 小 小
姐 | 姐 姐 姐 姐 姐 姐 姐

小姐	아가씨				
xiǎojiě					

123

些
xiē
양 조금, 약간, 몇

些 | 些 些 些 些 些 些 些

些	조금, 약간, 몇				
xiē					

124

写
xiě
동 (글씨를) 쓰다

写 | 写 写 写 写 写

写	(글씨를) 쓰다				
xiě					

125

谢谢
xièxie
동 감사합니다

谢 | 谢 谢 谢 谢 谢 谢 谢 谢 谢 谢 谢
谢 | 谢 谢 谢 谢 谢 谢 谢 谢 谢 谢

谢谢	감사합니다				
	xièxie				

126

星期
xīngqī
명 요일, 주

星 | 星 星 星 星 星 星 星 星
期 | 期 期 期 期 期 期 期 期 期 期

星期	요일, 주				
	xīngqī				

127

学生
xuésheng
명 학생

学 | 学 学 学 学 学 学 学 学
生 | 生 生 生 生 生

学生	학생				
	xuésheng				

128

学习
xuéxí
동 학습하다, 공부하다

学 | 学 学 学 学 学 学 学 学
习 | 习 习 习

学习	학습하다, 공부하다				
	xuéxí				

129

学校
xuéxiào
명 학교

学丨学学学学学学学学
校丨校校校校校校校校校校

学校	학교				
xuéxiào					

130

一
yī
수 일, 1

一丨一

一	일, 1				
yī					

131

一点儿
yìdiǎnr
수량 조금, 조금도

一丨一
点丨点点点点点点点点
儿丨儿儿

一点儿	조금, 조금도				
yìdiǎnr					

132

衣服
yīfu
명 옷

衣丨衣衣衣衣衣衣
服丨服服服服服服服

衣服	옷				
yīfu					

133

医生
yīshēng
명 의사

医 | 医 医 医 医 医 医 医
生 | 生 生 生 生 生

医生	의사				
yīshēng					

134

医院
yīyuàn
명 병원

医 | 医 医 医 医 医 医 医
院 | 院 院 院 院 院 院 院 院 院

医院	병원				
yīyuàn					

135

椅子
yǐzi
명 의자

椅 | 椅 椅 椅 椅 椅 椅 椅 椅 椅 椅 椅
子 | 子 子 子

椅子	의자				
yǐzi					

136

有
yǒu
동 있다

有 | 有 有 有 有 有

有	있다				
yǒu					

137

月
yuè
명 월

月｜月 月 月 月

月	월			
yuè				

138

在
zài
전 ~에서 동 ~에 있다

在｜在 在 在 在 在 在

在	~에서 / ~에 있다			
zài				

139

再见
zàijiàn
동 안녕, 또 뵙겠습니다

再｜再 再 再 再 再 再
见｜见 见 见 见

再见	안녕, 또 뵙겠 습니다			
zàijiàn				

140

怎么
zěnme
의 어떻게, 어째서

怎｜怎 怎 怎 怎 怎 怎 怎
么｜么 么 么

怎么	어떻게, 어째서			
zěnme				

141

怎么样
zěnmeyàng
의 어떻다, 어떠하다

怎 ㅣ 怎 怎 怎 怎 怎 怎 怎 怎
么 ㅣ 么 么 么
样 ㅣ 样 样 样 样 样 样 样 样 样

怎么样	어떻다, 어떠하다				
zěnmeyàng					

142

这
zhè
대 이, 이것

这 ㅣ 这 这 这 这 这 这 这

这	이, 이것				
zhè					

143

中国
Zhōngguó
고유 중국

中 ㅣ 中 中 中 中
国 ㅣ 国 国 国 国 国 国 国

中国	중국				
Zhōngguó					

144

中午
zhōngwǔ
명 정오

中 ㅣ 中 中 中 中
午 ㅣ 午 午 午 午

中午	정오				
zhōngwǔ					

145

住
zhù
통 살다, 숙박하다

住 | 住住住住住住住

住	살다, 숙박하다			
zhù				

146

桌子
zhuōzi
명 탁자

桌 | 桌桌桌桌桌桌桌桌桌
子 | 子子子

桌子	탁자			
zhuōzi				

147

字
zì
명 글자

字 | 字字字字字字

字	글자			
zì				

148

昨天
zuótiān
명 어제

昨 | 昨昨昨昨昨昨昨昨
天 | 天天天天

昨天	어제			
zuótiān				

149

坐
zuò
동 앉다

坐 | 坐 坐 坐 坐 坐 坐 坐

坐	앉다				
zuò					

150

做
zuò
동 하다

做 | 做 做 做 做 做 做 做 做 做

做	하다				
zuò					